Helge Großklaus, 1965 in Bad Segeberg geboren, zog 1984 nach Berlin, um eine Ausbildung als Maskenbildner in den Sand zu setzen. Seit 1986 hat er als Barkeeper, Verkäufer, Altenpfleger, Filmemacher, Grafiker, Lokführer und Autor gearbeitet. Er selbst bezeichnet sich als staatlich geprüften Universal-dilettanten.

Lektorat: Barbara Wahlster, Bela Sobottke
Titelillustration: Marc Müller
Fotograf: Sönke Tollkühn
Verlag u. Druck: tredition GmbH, Halenreie 42, 22359 Hamburg

ISBN
Paperback: 978-3-7439-6621-5
Hardcover: 978-3-7439-6622-2
e-Book: 978-3-7439-6623-9

Druck in Deutschland und weiteren Ländern

Für Jutta und Helmut

Helge Großklaus

Vergammelte Werke

Inhalt

Vorwort

Wenig Worte, wohl gewählt,
Worte, aus dem Ei geschält,
Worte, die die Botschaft bringen,
soll ich aus dem Hirn mir wringen
und sie in das Versmaß zwingen.

Muss ich nun um Worte ringen,
frag ich mich vor allen Dingen:

Wird das Singen so gelingen,
dass die Worte, die entspringen,
durch ihr Klingen und ihr Schwingen
meine Leser so durchdringen,
dass sie dieses Buch verschlingen?

Über das Dichten

\

Der Perlenfischer

Ein Dichter taucht als Perlenfischer
tief in das Meer der Sprache ein.
Zufrieden steigt er auf, ein frischer
Wind weht in sein Haar hinein.

Dann öffnet er die Austernschale,
erwartungsfroh senkt er den Blick –
doch Schwabbelfleisch nur, das banale,
sieht er, er hatte heut kein Glück.

Oh Fischer, lass den Mut nicht sinken,
komm mit mir in die Dorfkaschemme!
Da wolln wir ein paar Ouzo trinken,
das hilft dir sicher aus der Klemme.

Schaust du danach ins Glas, ins leere,
muss sich die Stirn nicht mehr verdunkeln,
denn zwiefach siehst du ungefähre
'ne Ouzoperle darin funkeln.

Epilog:
Suchst du nach Perlen als ein Dichter,
lenk in die Kneipe mal dein Boot.
Da gieß dir einen auf die Lichter,
das hilft aus der Metaphernnot.

Kein Gedicht

Was mir durch den Schädel geistert
und die Sinne mir verkleistert
intressiert doch eh kein Schwein,
drum lass ich das Dichten sein.

Wäre ich nur ein Prophet
oder Klassenkampf-Prolet,
machte auch das Dichten Sinn,
doch bei dem, was ich so bin –

arbeitslos, alleinerziehend,
ohne Leidenschaft, die glühend
fast schon wie von selber spricht –
schreib ich lieber kein Gedicht.

Die Muse
(oder: Wie ich ein Dichter wurde)

Ein Dichter hatte immer Streit
mit der geliebten Muse.
Dazu war er nicht mehr bereit,
er sagte mir: „Nimm du se!"

Meine Hobbys

Hobby 1: Am Morgen laufen.
Hobby 2: Am Abend saufen.
Beim Laufen wird der Grips gezüchtet,
beim Saufen wiederum vernichtet.

Dazwischen, also mittenmang,
am Übergang von Yin zu Yang,
so zwischen Züchten und Vernichten
liegt Hobby 3: das... Angeln.

Im Suff gedichtet

Was man des Nachts im Suff gedichtet
klingt anderntags oft hingeschissen.
Dann gehört es schnell gerichtet
oder besser noch: zerrissen.

Der Dichter

Frierend in der Einsamkeit,
immer hungrig, meistens breit,
im Erdgeschoss ganz ohne Licht
lebt er – jedoch es stört ihn nicht,
solang er einen Bleistift hat,
dazu 'nen Reim, ein leeres Blatt.
Das wird mit Herzblut voll geschrieben.

Erinnerung an all die Lieben,
an all die zarten, süßen, schönen,
die seine Schwermut nun verhöhnen.
So sitzt er da, schreibt ein Gedicht,
die Hand verkrüppelt von der Gicht,
dann beißt er in sein schimmlig Brot –
berühmt wird er erst nach dem Tod.

Im Taumel der Leidenschaft

Körner

Viele Körner Sand
liegen 'rum am Strand.

Wär jedes Körnchen eine Frau
und ich sitz suchend da und schau
nach der einen Lieben –
ich finge an zu sieben.

Und siebte ich auch hundert Jahr
und fände nichts, so wär doch klar:
Ich siebte Korn für Korn für Korn
noch mal von vorn!

Auswärts

Trink ich mal auswärts Kaffee,
was tu ich da? Ich gaffe!

Ich halt vor mich 'ne Zeitung hin
und gaffe nach der Kellnerin.

Schenkt diese mir ein Lächeln hold,
wirds Trinkgeld silbern und auch gold.

Frisch verliebt

Ja, bin ich denn bescheuert?
Dass ich ihr glaub, wenn sie beteuert,
sie mache sich für mich nur nackt?
Ja, bin ich denn beknackt?

Ja, bin ich denn verblödet?
Dass ich ihr glaub, wenn sie so redet,
als sei ich für sie der Hauptgewinn?
Kann es sein, dass ich spinn?

Bin ich noch bei Verstand?
Wenn ich ihr glaub, dass ihre Hand
nur mich liebkost?
Bin ich noch bei Trost?

Ja! Ich bin bescheuert,
verblödet, beknackt,
ich weiß, dass ich spinn –
und trotzdem bin ich hin.

Ich bin weder bei Trost noch bei Verstand,
denn mein Herz steht in Brand.
Von ihren Blicken angezündet,
wünsch ich, dass sie sich an mich bindet
und meine Seele Ruhe findet.

Vielleicht meint sie's ja ehrlich.

Vielleicht wird's diesmal nicht beschwerlich.

Vielleicht ist es für immer.

Vielleicht beseitigt sie die Trümmer,

die so schwer auf mir lasten,

durch behutsames Tasten.

Vielleicht werd ich diesmal nicht gefoppt –

oder bin ich... bekloppt?

Mein Liebling

Mein Liebling, oh,

ich bin so froh,

dass es dich gibt.

Mein Liebling, ach,

schön ist der Tag,

an dem man liebt.

Mein Liebling, heu-

te Morgen freu-

te ich mich so!

Dich zu berührn

und dich zu spürn

macht mich so froh.

Früher zartes Wesen, heute harter Besen

Meine Frau, der alte Besen,
kann manchmal Gedanken lesen.
So hab ich neulich was gedacht,
dafür hat sie mich ausgelacht.

Es war mitnichten, was ich dachte,
sondern: Dass ich dachte,
war, was sie belachte.

So will ich mich in Demut fügen –
sie sagte dies, in groben Zügen:
„Das Denken überlass mal mir,
setz du dich hin und trink dein Bier!"

Getrennt

Sie hat sich von mir getrennt,
da habe ich enthemmt geflennt.
Gefragt, ob sie den Grund benennt,
sprach sie: „Du bist ein Rudiment,
denn du hast den Trend verpennt!

Früher warst du mal dezent,
heute blöd wie 'n Sack Zement.
Das kommt davon, wenn man verkennt,
dass man gegen Mühlen rennt.
Himmelherrgottsakrament!"

Wie ich es auch dreh und wend:
Sie schaffte es mit Temperament,
dass selbst am fernsten Firmament
die Sonne für mich nicht mehr brennt!

Da sie nun nicht mehr mit mir pennt,
kommt's vor, dass ich die Händ verwend
zum Kneten an dem Instrument,
das dann bald steht wie 'n Monument.

Dann wünsche ich mir vehement,
dass sie noch einmal zu mir fänd,
dass sie meinen Namen nennt,
wenn ich ihr meinen Samen send,
doch wer solche Dramen kennt,
weiß: hier ist das Gedicht zu End.

P.S.: Sie tourt jetzt mit 'ner Damenband
vom Orient zum Okzident,
denn sie hat auch Gitarrentalent!

Britta

Britta!
Wunderschöne Britta!
Schönste aller Mütter!
Sieh, wie ich erzitter,
wenn ich deine Nähe witter!

Britta!
Ich wär so gern dein Ritter,
doch sag, wer is 'n dit da
mit dir? Ist das Klawitter?
Oh, wie ist das bitter.

Britta!
Der ist doch alt wie Gary Glitter!
Und dann schreibt auch noch Shit er
Auf Facebook und auf Twitter!
Potzbombenundgewitter!

Britta!
Ach wär ich nicht so 'n Lütter
und auch ein bisschen fitter
zerschlüg ich diesen Zwitter
in hunderttausend Splitter!

Britta!
Ich träumte doch von Flitter-
wochen doch ein Gitter,
das ich nicht zerknitter,
versperrt dein Herz, oh Britta.

Zusammen

Zum Wurstbrot passen Gurken,
zu Schweinebraten Bier,
Gefängnis passt zum Schurken
und du passt gut zu mir.
Wir passen gut zusammen,
wie Kinderknie und Schrammen,
du gehörst zu mir
wie Knabberkram zum Bier.

Zum Fußball passen Stürmer,
zum Menschen passt die Gier.
Zur Leiche passen Würmer
und du passt gut zu mir.
Wir passen gut zusammen,
wie Kinderknie und Schrammen,
du gehörst zu mir
aus „du und ich" wird „wir"!

Der erotische Traum

Ich stand mal nackt im Wald,
mir wurde langsam kalt,
da setzte sich 'ne Eule
genau auf meine Keule.

Ich sagte: „Eule, bitte geh,
deine Krallen tun mir weh.
Such dir 'n Ast für deine Rast,
und schone bitte meinen Mast!"

Darauf die Eule weise:
„Sei du mal hier ganz leise.
Red du mal hier bloß keinen Stuss,
Ich sitze, wo ich sitzen muss!"

Ich rief: „Das ist der Gipfel,
geh runter von dem Zipfel!
Jetzt schwinge deine Flügel
und verlasse meinen Prügel!"

„Ob du nun Mensch, ob du nun Baum,
das intressiert mich eigentlich kaum.
Eulen fliegen nicht am Himmel,
sondern sitzen auf 'nem Zweig.

Mein Spiegelbild

Mein Spiegelbild,
du guckst so mild,
dir fehlt der Biss,
hast zu viel Schiss!

Mein Spiegelbild,
nun guck mal wild,
du guckst zu nüchtern
und zu schüchtern!

Mein Spiegelbild,
nun lern die Tricks,
guck doch mal cool
und nicht so schwul!

Mein Spiegelbild,
so wird das nix,
hat keinen Zweck,
geh endlich weg!

Herz im Keller

Ich habe mein Herz in den Keller gebracht.
Es war so verletzt und geschunden.
Ausgerechnet die schönsten Stunden
haben es krüpplig und kalt gemacht.

Ich brüllte es an: „Geh fort, kalter Klumpen!
Du quälst mich schon viel zu lange!
Das hast du davon, falsche Schlange!
Steige hinab und geh zu den Lumpen!"

Ich hätte es fast in den Müll geschmissen.
Doch man soll ja nichts übereilen.
Vielleicht lässt es sich ja noch heilen.
Vielleicht würde ich es – vermissen?

Steffi

Ich fuhr mit dir mal Motorrad
und hielt auf einer Wiese.
Da pflückte ich 'ne Blume ab
und dann gab ich dir diese.

Das ist schon ziemlich lange her,
und wer ich damals war,
das weiß ich heute gar nicht mehr,
doch du bist immer da.

Ganz tief in der Erinnerung,
die Blume steckt im Haar.
Du bist so schön und wir so jung,
dein Blick ist hell und klar.

Das Motorrad ist heute Schrott,
die Blume ist verblüht.
Doch manchmal wärme ich mich noch
an dem, was einst geglüht.

Es frühlingt!

Schönheiten schwirbeln sonnenwärts,
menschliche Murpel männlichen sehr –
es frühlingt!

Blässliche Busen blümeln auf,
männlichste Murpel schauen drauf –
es früühlingt!!

Lieblichkeit lächelt landauf, landab,
lüstliches Liebäugeln schnabelt sich ab –
es früüühlingt!!!

Leckerlich lüstelt es liebestrunken,
murpelig buselt es tiefstversunken –
es frühlingt.

Nicole

Der Frühling kam
so hell und warm
und brachte sie.

Im Sommer dann,
das Glück zerrann,
ich weiß nicht wie.

Der Herbststurm brauste,
der Wind zerzauste
den Augenblick.

Der Winter kam,
der Frost, er nahm
mein kleines Glück.

Die Medizin

Er wurde depressiv,
weil keine mit ihm schlief.
Der Arzt gab ihm den Rat:
„Schreiten sie zur Tat!
Gehn sie zur Hure hin
als ihre Medizin!"

Die körperlichen Freuden
beendeten sein Leiden.
Es wurde schnell bekannt,
wie wohl er sich befand
und viele substituierten
die Pill'n mit 'ner Prostituierten.

Die Antidepressiva
verkauften sich nun mieser.
Darunter litt dann die
Pharmaindustrie.
Die Schwermut aus der Gosse
erreichte so die Bosse.

Sie schluckten wider Willen
die unverkauften Pillen,
doch hatten schnell genug
vom eigenen Betrug.
Statt Pillen einzukicken,
gingen auch sie bald... äh... aus.

Die Chefs der Krankenkassen
konnten es nicht fassen,
wie viel sie dadurch sparten,
dass sich die Menschen paarten.
Und so beschloss man weise:
„Wir zahlen die Hurenpreise!"

Seit diesem schönen Tage
hört man oft die Frage:
„Hallo, so ganz allein?
Mit Überweisungsschein?
Ich mach es dir ganz zart
gesetzlich und privat!"

Moral ist das, was man doppelt hat

Jegliche Form von Suchtverhalten,
sei es nach Bier oder nach 'ner Alten,
muss ich ab heute strengstens verdammen –
ihr sollt nicht saufen und nicht rammen!

Drum fesselt sie jetzt, die Hurenböcke,
und auch die Säufer, an die Pflöcke!
Da soll es verrecken, das Lumpengesindel,
und wenn es getan ist – zapft mir ein Kindl!

Dann will ich feiern, dann will ich genießen,
und wenn die Tränen der Huren fließen,
stehe ich auf und rufe: „Ein Toast!

Auf die Moral! Sie hat heute gesiegt!
Was ein jeder verdient hat, hat er gekriegt!"
Und dann spende ich den Huren Trost.

Lack und Leder

Lack und Leder
trägt heut jeder.

Ich bin nicht so wie die andern,
trage Holzschuhe aus Flandern,
einen Filzhut aus Tirol
und fühle mich erst richtig wohl
mit einem gelben Friesennerz.
Darunter nichts, das ist kein Scherz.

Mit diesem Outfit angetan
fühl ich mich als ganzer Mann.
So geh ich in den Kit-Kat-Club,
wo ich mir meistens selbst ein' schrubb.
(Kein Wunder.)

Tristan und Isolde in Berlin

Tristan sagte zu Isolde:
„Ick schwimm zwar nicht im Golde,
sei trotzdem meine Holde!"

Isolde aber wollte,
dass er sich endlich trollte.
So schmollte sie und grollte
und tat ihm dieses flüstern:

„Erzähl doch nicht so 'n Mist, Mann!
Und schau mich nicht so lüstern und trist an.
Wenn du dich nicht verpisst, dann
gibt's voll was auf die Nüstern, TRISTAN!"

Die Jungfrauen von Kreuzberg

Die Jungfrauen von Kreuzberg
heißt dieses Gedicht,
hier endet das Werk –
es gibt sie nicht.

Alexander

Alle Frauen lieben Alexander.
Was ist denn nur so toll an jenem Mann da?
Sie finden ihn so süß wie einen Panda,
drum bringt er ihre Herzen durcheinander.

Er ist geschmeidig wie ein Salamander,
elastisch ist er so wie ein Expander.
Er küsst sogar die süße Alexandra,
während ich allein durchs Leben wander.

Er ist berühmt von hier bis nach Uganda
und weiter von Ruanda nach Down Under,
er liebt die Frauen von Susi bis Amanda,
in Japan gibt es ihn sogar als Manga.

Ertönt sein Lockruf laut wie Propaganda,
lassen sie sie hüpfen, ihre Manda-
rinen und sagen: „Fass mal an da!
Mir wird so heiß in meinem Tanga!"

Die Sexmaschine

Bin ich mal zu den Frauen nett,
ich muss sie nicht mal kennen,
wolln sie sofort mit mir ins Bett
und mit mir pennen.

Ich brauch nur eine mal zu grüßen,
ich sage einfach: „Guten Tach!"
Schon liegt sie mir zu Füßen!
Schon liegt sie flach!

Zum Beispiel im Park, beim Dauerlauf,
da werd ich zum Mimöschen!
BHs springen wie von selber auf,
dann schmeißen sie mit Höschen!

Bestell ich nach dem Lauf ein Bier
im Gasthaus bei der Wirtin,
dann will sie gleich ein Kind von mir
und legt sich ganz verwirrt hin.

Und dann die Tunten, Mann oh Mann,
wie die erst nach mir kreischen!
Doch damit fang ich gar nicht an,
die muss ich auch enttäuschen.

Ich brauch kein' Benz, kein Cabrio,
ich muss vom Schmuck nicht gleißen,
derweil sie sich ja sowieso
um meinen Körper reißen.

Ja, meinen Körper wolln sie nur,
wolln mich als Sexmaschine.
Als Lustobjekt, rund um die Uhr
wolln sie, dass ich ihnen diene.

Ach, die süßen, jungen Dinger
überfordern meine Kräfte.
Sie lecken sich nach mir die Finger
und zapfen meine Säfte.

Wie soll ich nur mit dieser Last
wohl jemals fertig werden?
Ich werde dauernd angefasst,
trotz zahlloser Beschwerden.

Ihr lieben Frauen, so bitt ich euch,
sucht tugendhafte Ziele!
Und lasst endlich das dumme Zeug,
nehmt Rücksicht auf Gefühle!

Angst

Als einmal, im Fallen,
mit furchtbarem Knallen
mein Fallschirm zerriss,
kriegte ich Schiss.

Als einmal, beim Poppen,
mit furchtbarem Ploppen
mein Präser zerriss,
kriegte ich auch Schiss.

Der Herrgott will, dass Leben geht,
er will auch, dass es neu entsteht
und beides geht mit Angst einher.

Doch dass die Angst das Herz regiert,
wenn sie ein Kindlein dir gebiert,
ist Quatsch, das merkt man hinterher.

Mein Schatz

Mein Schatz du bist so niedlich,
so süß und appetitlich.
Bei dir wird mir ganz schwummerich –
ich red schon wie ein Dummerich.

Ich rolle dir wie Supermann
ein riesengroßes Fass heran.
Es ist gefüllt mit Sonnenschein
für dich mein Schatz, für dich allein.

Abgrund

Ich hatte dich an den Ort entführt,
an dem der Himmel die Erde berührt.
Der Ort liegt an dem Abgrund, dem großen,
in den hast du mich hinabgestoßen.

Du Frisbee, du

Ein Frisbee ist kein Bumerang,
es kehrt niemals zurück.
Ich warte lang, ich warte bang,
ich warte auf mein Glück.

So wie ein Frisbee flogst du grad
in eines andern Arm.
Das ist doch blöd, das ist doch schad,
das ist doch Weiberkram.

Nur wegen so 'nem Frisbee
trink ich zwei Flaschen Whisky.
Wenn ich noch einmal lieben kann,
dann wünsch ich mir 'nen Bumerang.

Schrammen

Ich zähle sie alle zusammen,
an meinem Herzen die Schrammen.
Die Summe teil ich genau
durch die Anzahl der Tränen pro Frau.
Das Ergebnis des Ganzen ist dann:
Ein Mann!

Mann wird älter

Haare

Haare wachsen aus der Nase,
Haare wachsen auch am Ohr.
Haarig, diese Lebensphase!
Alt komm ich mir vor.

Und ich werd es langsam auch.
Das kann man wohl nicht ändern.
Man sieht's ja auch am Bauch
und an den Augenrändern.

Trotzdem kann ich es nicht lassen,
in den Straßen und den Gassen
Hüpfern hinterherzuschauen.

Doch dass diese sich verdrehen
jungen Kerlen nachzusehen,
kann mir echt den Tag versauen!

Die will mich doch!

Sehe ich eine schöne junge Frau,
dann kalkulier ich meine Chancen genau.
So denke ich mir zum Beispiel dann:
Die hat gaaanz bestimmt noch keinen Mann!

Kein Wunder, denn sie wird nur von Horden
milchgesichtiger Flegel umworben.
Dabei hätte sie doch eigentlich gern
einen wie mich, einen reiferen Herrn.

Wie die jungen mit ihren Körpern protzen,
findet sie ganz gewiss zum Kotzen.
Groß und stark soll ihr Traumprinz nicht sein,
eher so wie ich, mickrig und klein.

Sie mag's auch nicht, wie Jünglinge prahlen,
dauernd will einer für sie bezahlen!
Ich bin sicher: Sie sehnt sich schon länger
nach mir, dem alten Hartz-4-Empfänger!

Ich weiß ja

Ich weiß ja, ich soll erwachsen werden.
Ich frage mich nur immer wie!
Für Träumer gibt's keinen Platz auf Erden,
warum, das begreife ich nie.

Ich weiß, ich muss Bewerbungen schreiben
und spiele stattdessen Klavier.
Ich weiß, so kann das mit mir nicht bleiben,
für den Hinweis danke ich dir! (du Arsch)

Entschuldigung, dass ich geboren bin,
ich werde das nie wieder tun.
Da ich nicht zum Sieger erkoren bin,
dürft ihr jetzt auch pfeifen und buhen.

Wieder

Wieder ein Jahr älter.
Wieder ein Kilo mehr.
Wieder statt Sekt nur Selter.
Ach, ist das Leben schwer.

Wieder nur Youporn statt Liebe.
Wieder nur Tiefkühlkost.
Wenn mir doch jemand schriebe.
Wieder nur Spam in der Post.

Wieder die Wohnung putzen.
Alles dreht sich im Kreis.
Wo liegt der Sinn, wo der Nutzen
von diesem gequirlten Scheiß?

In Würde altern

Was soll das bedeuten,
„in Würde altern"?
Ich will mich nicht häuten,
ich lieg jungen Faltern,
den flatternden, süßen
als Hundertjähriger noch zu Füßen.

Ich will nicht aufs Abstellgleis.
Ich will noch am Krückstock
als sabbernder Greis
hinter jedem wippenden Rock
herschleichen –
bis mir die letzten Winde entweichen.

Und liege ich dann auf dem Sterbebett
und zerreißt mir das letzte Lebensband
sage ich: „Schwester, sein sie so nett,
halten sie bitte so meine Hand,
dass ich in den Ausschnitt sehen kann!"
Und dann sterb ich als Mann!

In der Hülle

In der Hülle meines Schädels
nichts als Mädels, Mädels, Mädels.

In den Tiefen der Synapsen
schwarze Strümpfe, Strings und Strapsen.

In den Ohrn nur Roll and Rock –
ich bin ein alter, geiler Bock.

Dit war't

Ich war in ihre Art vernarrt,
drum haben wir uns zart gepaart.
Jetzt bin ich alt, mit Bart behaart,
die Rente hab ich hart erspart.
Werde ich mal aufgebahrt,
in einem Sarg, der knarrt,
danach dann davon gekarrt,
nach dieser Fahrt verscharrt
und im Grab verwahrt,
schreibt auf den Stein: „Dit war't!"

Die Reinkarnation

Mein Gott, ist das wieder ein Drama
mit meinem Karma…
Plötzlich im anderen Körper drinne.
Ausgerechnet in dem einer Spinne!

Das ist ja nun wirklich nicht das Wahre:
überall nur Beine und Haare.
Und dann das Essen, einfach zum Kotzen,
und keine Stimme, um drüber zu motzen!

Und erst die Weiber, so was von hässlich!
Ein Schicksalsschlag. Mein Leben: grässlich.
Dass mir so was passieren muss...
Ich mach jetzt mit *dem* Leben Schluss!

Helges Tierwelt

Tiere

Viele von den Tieren,
die so existieren,
gehen auf allen Vieren.
Manche galoppieren,
zum Beispiel bei den Stieren –
auf einer Ranch.

Jedoch als Mensch –
sollte man sich zieren,
man kann sich blamieren,
denn nur wer mit Bieren
durchspült seine Nieren,
geht auf allen Vieren.

Der Ikea-Elch

Ich wurde als Elch im schwedischen Wald
von Naturfilmern chronisch unterbezahlt.
Da kam der Mann von Ikea und bald
wurd ich von ihm gelb und blau angemalt.

Er gab mir dafür ein hohes Gehalt
doch die Freunde spotten, ihr Herz ist so kalt.
Sie nennen mich „schwedische Milka-Kuh"
und rufen: „Alter, mach doch mal Muh!"

So bin ich nun reich, doch sie geben nie Ruh',
den Spott zu ertragen gehört wohl dazu.

Mein Lieblingstier

Ein Orang-Utan saß im Wald
und sagte: „Jetzt wird's dunkel bald."
So schlief er ein... Er wachte auf,
der junge Tag nahm seinen Lauf,
die Sonne schien so warm und hell,
er rief: „Oha! Das ging ja schnell!"

Gänse-Sonett

Im Frühling bat der Gänserich
die junge Gans zum Tanz.
Im Sommer aber schon verblich
die Liebe dieses Manns.

Im Herbst, es wurde kühle,
da wurd ihm endlich klar,
vorbei sind die Gefühle
und auch schon fast das Jahr.

Nun brachte er's nicht übers Herz
ihr anzutun den Trennungsschmerz.
Es nahte schon das Weihnachtsfest.

Er wusste wohl: Nach dem Advent,
da wird ihr Kopf vom Hals getrennt.
Nicht nötig, dass er sie verlässt.

Der Truthahn in Bhutan

Ich zog mal meinen Hut an
und wanderte durch Bhutan.
Da sah ich Knut, den Truthahn,
er trank sich grade Mut an.

Er war dann wohl genug dun,
so wankte er zum Truthuhn.
Das Truthuhn, es hieß Gudrun,
sprach: „Ja, ich will's mit Knut tun!"

So zeigte Truthahn Knut dann,
dass er's auch trunken gut kann,
er hat's einfach im Blut, Mann!

Ich nehme meinen Hut nun
und lass das Truthuhn Gudrun
auf der Brut von Knut ruhn.

Armer Nager

Im Garten sah man Barbara,
die außer sich, ja gaga war,
sie schrie fast wie ein Schlagerstar,
denn sie sah einen Nager da.

„Der frisst mir den Rhabarber ja,
und ich bleib dünn und mager, na
den mach ich zum Kadaver, pah!
Ich grab sein letztes Lager da!"

Da war dem Nager aber klar:
Sie macht bald ihr Palaver wahr
und lässt mich hier zur Ader ma'.

Er fand sein letztes Lager da,
wo vorher der Rhabarber war.
Was für ein armer Nager, wa?

P.S.: Wer sagt, dass das Gelaber war?

Der Jadehase*

Ein Hase hoppelt übern Mond
und schaut mal nach, ob er bewohnt.
Jedoch er findet Möhrchen nur,
die wachsen in der Mondnatur.

Wie er nun sitzt und Möhrchen kaut
und dabei still zur Erde schaut,
bekommt er einen Riesenschreck,
denn plötzlich ist die Erde weg.

Die Menschheit, dieser Schweinehund,
hat grad' das schöne Erdenrund
verpufft mit Gier und Waffenkraft
und sich gleich selbst mit abgeschafft.

Der Hase knabbert Möhrchen stumm
und denkt bei sich: „Nicht schade drum."

*In der chinesischen Folklore ist der „Jadehase" das, was bei uns der „Mann im Mond" ist. Es ist der „China National Space Administration" im Jahr 2013 gelungen, einen gleichnamigen Rover auf dem Mond auszusetzen, der dort eine Weile durch die Gegend hoppelte und Daten zur Erde funkte. Sein Leichnam wird wahrscheinlich noch eine ganze Weile dort herumstehen.

Der Tod eines glücklichen Huhns

Du läufst so blöde übern Hof,
du guckst so unschuldig und doof
als hättste nichts mit mir zu tun –
mein zukünftiges Curryhuhn.

Fragst du dich nie, warum's das gibt,
dass man ein Huhn anscheinend liebt?
Willst du denn gar nicht wissen, was
dir überhaupt erlaubt den Spaß?

Warum du nicht im Käfig sitzt
und wie die meisten andern schwitzt,
die, ohne je im Sand zu scharren,
dort einer finstren Zukunft harren?

Ich will's dir sagen, blödes Huhn,
es hat vor allem damit zu tun,
dass ich mir dein Fleisch leisten kann
im Gegensatz zum Durchschnittsmann!

Drum freue dich, du Federtier,
dass ich in dein Glück investier,
und wenn ich jetzt das Beil schwinge,
sei dankbar für die kleinen Dinge!

Ein Fotograf

Ein Fotograf
war einmal scharf
auf sein Modell.

Doch für Beischlaf,
das Girl war brav,
fand sie's zu hell.

Wie's sich so traf,
war da ein Schaf
auch schon zur Stell'.

Da nahm er dies,
sie fand es fies,
doch es ging schnell.

Politik und Gesellschaft

Die neue Arbeitswelt

Berge musst du überwinden,
Meere musst du überquern,
du musst rackern und dich schinden,
um fürs Alter Geld zu mehrn.

Trotzdem stehst du schnell im Regen
in der neuen Arbeitswelt,
voll verarscht mit Zeitverträgen
oder um den Lohn geprellt!

Lieferservice, Altenpflege,
überall ist Leiharbeit,
Freiberufler, Werkverträge
und die Scheinselbständigkeit!

Zeitarbeiter sind so praktisch,
im Betriebsrat sind sie nicht,
stehen Tag und Nacht am Packtisch,
krank tun sie noch ihre Pflicht!

Früher sagte man: „Hier bin ich!
Hallo Chef und Guten Tach!
Ich bin einfach unentbehrlich
so, jetzt gib mir 'nen Vertrach!"

Heute musst du dich verrenken
für ein schmales Taschengeld,
jedem Sack ein Lächeln schenken,
wohl dem, der die Schnauze hält!

„Chef, du fährst 'n schicken Wagen,
woher kommt das Geld dafür?"
„Stell hier keine dummen Fragen
und jetzt raus! Da ist die Tür!"

Häusle bauen kannst du vergessen,
du hast keine Sicherheit.
Kohle reicht grad mal fürs Essen,
Kinderkriegen? Keine Zeit!

Urlaub machen nur die andern,
das kommt dir nicht in den Kopp.
Andre solln auf Berge wandern,
du wanderst nur von Job zu Job!

Hartz Vier und Karriere

Hast du dich nicht genug verbogen,
zu wenig im Beruf gelogen,
dabei Kollegen nicht betrogen,
und fehlten dir die Ellenbogen,
worauf sie über dich herzogen?

Bist du nicht gegen Mobbing stark?
Dann geh in den Park und hark Papier,
denn du landest bei Hartz Vier!

Hast du betrogen und gelogen,
dich täglich etwas mehr verbogen,
abgezogen, ausgesogen,
nachgetreten in die Hoden,
Arbeit immer abgeschoben?

Besonders die schwere?
Und das seit der Lehre?
Dann machst du Karriere!

Rede des Vorstandsvorsitzenden an die Arbeiter

Proletarische Massen,
niedere Klassen,
es ist nicht zu fassen:
Leer sind die Kassen,
ihr werdet mich hassen,
doch ihr seid entlassen!

Ihr seid sowieso nur Humankapital,
zu schlecht ist die Zahl vom letzten Quartal,
drum denken wir ab heute global.
Der deutsche Standort hat leider verloren,
in China, da wird die Zukunft geboren.

Nun glaubt mir doch, wie schwer es mir fällt!
Ich habe sie nicht so gemacht, diese Welt!
Im Jobcenter wird euch geholfen,
auf Wiedersehen, ich geh jetzt golfen.

Almeria

Flinke Marokkanerhände
ernten Erdbeern ohne Ende
in spanischen Agrarfabriken.
Man wird das Obst nach Deutschland schicken.

Ein Arbeitsloser in der Not
erspäht das Sonderangebot:
gleich neben den Geranien
die Erdbeeren aus Spanien.

Kleingeschnibbelt und gewaschen
hat er was Feines nun zum Naschen
von seinem Arbeitslosengeld
und fühlt sich dabei noch als Held!

Denn erstens schmeißt er von der Stütze
dem Aldimarkt was in die Mütze.
Und zweitens hilft er, was ja wichtig,
dem deutschen Spediteur ganz tüchtig.

Zum Dritten unterstützt er die
Düngemittelindustrie.
Und der Besitzer der Plantage
kriegt, viertens, auch noch seine Marge.

An fünfter und an letzter Stelle,

so denkt der Konsument sich helle,

verdient der Erntehelferknecht

aus Afrika wohl auch nicht schlecht?!

So ist die Wirtschaft eingerichtet,

von Nord nach Süd so fein geschichtet.

Folglich wär's für alle schön,

würd man die Stütze hier erhöhen!

Ignoranz

Was ich nicht seh, das ist nicht da,

so lebe ich ganz wunderbar.

Was ich nicht kenn, das gibt es nicht,

so geht's mir gut, so leb ich schlicht.

Ich wär schön blöd, wenn ich mich stör

an dem, was ich sonst gar nicht hör.

Stell ich mich dumm, dann bin ich frei,

die andren sind mir einerlei.

Warum ich bei Aldi Hausverbot habe

Oh, wie ich das hasse,
wenn mich bei Aldi an der Kasse
langsam das Gefühl beschleicht,
dass die Geschwindigkeit nicht reicht,
mit der ich durch das Leben wandel –
grausam ist der Einzelhandel!

Würste fliegen über Scanner,
Tiefkühlpizza ist der Renner,
Fischfilet, mein Leibgericht,
doch ich schaff es leider nicht,
abzuräumen, einzupacken,
da kommt schon der Schweinenacken,
Kräuterkäse, Meerrettich,
ja doch, ich beeil mich!

Hinter mir die Kundenschlange,
vor den Blicken wird mir bange,
dann der Griff ins Portemonnaie –
oh je…
Gramgebeugt senk ich den Blick:
„Könnten Sie… die Wurst… zurück?"

Durch die Schlange geht ein Stöhnen,
doch für mich klingt's wie das Dröhnen
und das Stampfen eines Drachens,
aus den Tiefen seines Rachens
schießt ein Feuerstrahl zu mir,
ich will nur noch weg von hier!

Doch zu spät, die Flammen lodern,
bald schon werde ich vermodern,
schwarze Raben werden krächzen
und nach meinem Fleische lechzen,
bleichen werden meine Knochen
auf dem Parkplatz, sieben Wochen
als Exempel ausgestellt
für einen, der auf dieser Welt
zu langsam war im Lebenswandel –
grausam ist der Einzelhandel!

Doch ich bin noch nicht verloren,
mitten zwischen seine Ohren
werde ich mein Schwert ihm rammen!
Im Inferno seiner Flammen,
Waffen schwingend, voller Kraft,
rufe ich mit Leidenschaft:
„Hier, nimm diesen Hieb, du Schurke!"

„Moment mal, junger Mann, die Gurke
tun sie bitte in den Wagen,
sie ist nicht zum Kundenschlagen!
Und nun ziehen sie endlich Leine,
denn sonst mach ich ihnen Beine.
Gehen sie jetzt aus freien Stücken
und lassen sie sich nicht mehr blicken!"

Epilog:
Bist du für diese Welt zu lahm,
versinke nicht in Gram und Scham.
Du musst kämpfen, du musst streiten,
gegen Drachen musst du fighten.
Komm, beweise deine Klasse
bei Aldi an der Kasse!

Charity

Einer, der viel gibt,
ist meistens sehr beliebt.
Doch häufig bleibt verschwommen,
wo er's zuvor genommen.

Spiegel-Leser

Lese ich den Spiegel,
bekommt mein Großhirn Flügel.
Dem Kleinhirn ist das Wurst,
es meldet: „Ich hab Durst!"
So hol ich mir ein Bier heran,
dann fange ich zu lesen an.

Ach, das ist ja intressant!
Nein, das ist ja allerhand!
Darüber wüsst ich gerne mehr!
Ups! Das erste Bier ist leer.
Ich les und werd gescheiter,
doch irgendwie auch breiter.

Und mit dem Spiegel vor der Nase
füllt sich langsam auch die Blase.
So lauf ich zur Toilette hin,
dort wird mir endlich klar der Sinn
des Werbespruchs, ganz nebenher:
Spiegel-Leser pissen mehr!

Krieg in der Bikinizone

Ich bin ein Haar und ich bewohne
das Königreich Bikinizone.
Links und rechts von mir Atolle,
früher warn sie voller Wolle,
bis mit messerscharfen Schneiden
das Grauen kam und auch das Leiden,
denn unsre Königin Sabine
schickte die Rasiermaschine.

Ich hatte Glück, wurd nur gestutzt,
die Nachbarn wurden weggeputzt.
Es warn nicht viele, die sie schonte,
ich war dabei, schon damals wohnte
ich im zentralen Schutzgebiet,
in dem das Leben heut noch blüht.

Von diesem unberührten Flecken
sah ich die Leiden und die Schrecken.
Geköpfte Nachbarn sah ich purzeln,
doch sie hinterließen Wurzeln!
Weil sie sich nicht verdrießen ließen,
begannen sie erneut zu sprießen.

Aber dann kam's umso schlimmer,
ich höre heut' noch ihr Gewimmer,
sie waren doch noch klein und zart,
da traf es sie schon wieder hart!
Kaum hatten sie sich aufgebäumt,
da wurden sie schon eingeschäumt.
Und dann kam eine Waffe näher,
oh weh, oh weh und noch oh weher,
es schmerzt, denk ich an diese Dinge,
denn es war eine Quattro-Klinge!
Und leis', ohne Maschinengeheul,
verbreitete sie Tod und Gräuel.
Oh fürchterliche Schreckensnacht,
sie ging verloren, diese Schlacht
als Haar für Haar für Haar verblich,
mal gegen und mal mit dem Strich.

Doch auch das war nicht das Ende!
Königin Sabines Hände
sah man bald am Mieder wieder,
denn es wuchs erneut Gefieder.
Vorbei war nun die Zeit der Schwerter,
die Waffen wurden noch viel härter,
ein Trauma war's, ein Seelenknacks,
sie schickte gegen Wildwuchs Wachs!

Und dann riss sie, zog und zerrte,
Schreckensschreie, ungehörte
blieben dumpf im Wachse hängen,
in widerlichen Klebefängen.
Von Wurzeln ging der Blick zurück
auf Sabines glattes Glück.

Doch das Glück war nicht von Dauer,
wieder warn die Haare schlauer,
erhoben sich zu neuer Blüte,
Sabine schrie: „Du meine Güte!
Es wuchert wild in meinem Land,
doch Schluss damit, jetzt wird verbrannt,
was der Ästheten Sinne stört!"
Und als ich diesen Ruf gehört
in meinem Schutzgebiet „Zur Scham",
da wurd es auch schon hell und warm.
Und wärmer. Und noch wärmer.
Sabine wurde arm. Und ärmer.
Denn, dies sei nebenbei erwähnt,
wer mittels Lichtstrahlen sich verschönt,
braucht superteure Hightechwaffen.
So also sah ich sie erschlaffen,
und zwar zum allerletzten Mal,
dann war's vorbei mit ihrer Qual.

Der Hitzetod im Lichtgewitter,
er war für immer, es war bitter.
Von all den tapferen Gestalten
konnt sich keine neu entfalten.

So wurd es still im Königreich,
und kommt einmal Besuch, sogleich
denk ich an die alte Zeit
und an die Schrecken und das Leid.

Positive Vorurteile

Du schwarz,
ich weiß.

Du gut,
ich Scheiß.

Du groß,
ich klein.

Du schön,
ich Schwein.

Wenn Außengrenzen ausgrenzen

„IA!", so schreit der Esel, „EU!" die Politik.
Europa ist erweitert, welch hohes Menschenglück!
Europa ist hier reich, dort arm,
ist oben kalt und unten warm.

Doch dort, wo es am wärmsten ist,
im Süden, unten an der Küst',
da ist es für den Flüchtling kalt,
er wird hier meistens nicht so alt.

Die Grenzen sind nach innen offen,
doch draußen vor wird abgesoffen.
Denn Flüchten ist hier illegal,
hier endet mancher Traum letal.

Liegst du im Urlaub nun am Strand,
siehst, aus dem Wasser ragt 'ne Hand,
dann greif nicht ein, sei lieber scheu,
so handelst du gesetzestreu.

Ein Massengrab, das Mittelmeer,
gibt Flüchtlinge nie wieder her.
Und ist Europa auch erweitert –
am Rest der Welt ist es gescheitert.

Geld

Du sagst, Geld sei nicht alles im Leben?
Dann kannst du mir ja deines geben!

Mit Helge um die Welt

Die Kreuzfahrt

(oder: Sabine, Perle der Marine)

Sabine,

dein goldenes Haar weht so wie 'ne

Gardine

im Wind.

Sabiine,

deine Augen, sie glänzen so wie 'ne

Sardine,

mein Kind.

Sabiiine,

im Innersten spüre ich wie 'ne

Lawine

beginnt.

Sabiiiine,

jetzt komm endlich mit mir in mine

Kabine

geschwind.

Sabine,

danach gibt es in der Kantine

Terrine

mit Rind.

Urlaubsbericht

Welle – Strand
Welle – Strand
Welle – Strand

Welle – Surfer – Strand
Welle – graue Flosse – Strand
Welle – leeres Surfbrett – Strand

Welle – Strand
Welle – Strand
Welle – Strand

Intelligentes Leben

Auf der Suche nach intelligentem Leben
möchte die Menschheit ins All entschweben.
Mir würd es schon reichen, hier auf Erden
mal irgendwo fündig zu werden.

Im Norden

Im Winter sitzen Finnen –
drinnen.
Da können sie mit den Schweden –
reden,
der Freunde aus Norwegen –
wegen.

Sie kommen sich in der Sauna –
saunah.
Da, wo sich auch die Dänen –
dehnen.
So werden sie im Norden halt –
alt.

In Island am Fließband

Als ich in Island am Kiesstrand
Gold in einem Verlies fand,
schmiss ich den Job am Fließband,
kaufte mir einen Schießstand,
ein Geschäft, das ich gar nicht so mies fand.

Denn so wurde ich vom Knecht zum Hecht,
hab mit dem schönen Geschlecht gezecht,
die Rechnungen hab ich gerecht geblecht,
doch das hat sich leider nicht schlecht gerächt.

Denn so ging ich ziemlich flott bankrott,
leider ging auch mein Schießstand Schrott,
jetzt lebe ich wieder im Fließband-Trott.

In Ottawa

Als ich ohne Schotter ma'
in Ottawa war,
traf ich den Loddar da.

Loddar war ein Stotterer,
sah aus wie Harry Potter ma',
nur mit langem Lodderhaar,
an der Nase Schnodder, klar.

Zusammen wurd uns flotter klar,
dass da gar kein Otter war,
in Ottawa.

Nicht einmal im Modder da!

In Texas

(Daniel Samar gewidmet)

Als ich in Texas im Dreck saß
und Bohnen mit Speck aß,
fiel mir ein, beim Essen:
Ich hab meine Smith & Wesson vergessen
bei meiner Oma in Oklahoma!

Zu spät, sie war schon nah,
die Meute Rothäute,
mein Gaul, der scheute,
doch sie wollten heute
nur Bräute als Beute,
sodass ich mich freute,
dass keine Rothaut
mich tothaut!

Doch auch der Schreck saß,
und so wurd der Fleck nass,
auf dem ich in Texas –
saß.

Panama

Zum Schluss das Gedicht über Panama –
aber nein, das erzähl ich ein anderma'.

Nachdichtungen

(Vorbilder in Klammern)

Wo?

(Heinrich Heine: Wo?)

Wo wird einst des Wandermüden
letzte Ruhestätte sein?
Unter Palmen in dem Süden?
Oder Kreuzberg-Friedrichshain?

Werd ich wo in einer Wüste
eingescharrt von fremder Hand?
Oder steh ich auf der Liste
vom Berliner Friedhofsamt?

Immerhin, mich wird umgeben
Gottes Himmel dort wie hier,
ob nun Totenlampen schweben
oder Werbung für ein Bier.

Café Pfau

(Heinrich Heine: Mein Herz, mein Herz ist traurig)

Mein Herz, mein Herz ist traurig,
doch lustig leuchtet der Mai.
Ich sitz auf der Bergmannstraße
vorm Café, gleich neben dem Thai.

Gegenüber, im türkischen Laden,
da schuftet man ohne Ruh',
der Besitzer prüft die Kasse,
er lächelt und pfeift dazu.

Zur Linken erhebt sich freundlich
die Markthalle, ehrwürdig alt.
Davor sitzen Obdachlose
und saufen, wie immer halt.

Den Fraun würd ich gern an die Wäsche,
sie laufen halbnackt herum,
Espresso zerstäubt in der Mühle,
ich trink meinen Kaffee stumm.

Zur Rechten formt sich eine Schlange
von Kindern, sie wollen ein Eis.
Ein Tourist, nur wenig weiter,
tritt voll in die Hundescheiß.

Ein tiefer gelegter Mercedes
funkelt im Sonnenrot.
Der Fahrer quietscht mit den Reifen.
Ich wollt, er führe sich tot.

Sie ist's
(Eduard Mörike: Er ist's)

Schwermuts schwarzer Schreckenszwirn
schneidet durch die Frühlingslüfte.
Ätzend: Wohlbekannte Düfte
martern schonungslos mein Hirn.
Teufel lachen schon,
wolln mich bald verdrießen.
Horch, ganz nah: der schrille Peitschenton!
Schwermut, ja du bist's!
Dich will ich erschießen!

Der Tod

(Gotthold Ephraim Lessing: Der Tod)

Abend war's, ich saß bei Tisch,

vor mir lag Filet vom Fisch,

ich hob Gabel, ich hob Messer,

eigentlich ging es mir nie besser,

füllte fröhlich meinen Bauch,

da spürte ich den kalten Hauch.

Zuallererst war's nur im Nacken,

dann kam er näher, an die Backen,

drang übel riechend in die Nase

wie faules Wasser in der Vase,

in der die Blumenreste modern.

Flackernd und mit einem Lodern

erlosch die Kerze auf dem Tisch,

im Halse steckte mir der Fisch,

die Atemluft, sie wurd mir knapp,

mir wurde schwindlig, ich wurd schlapp,

doch dann gelang es mir zu husten

und Fisch samt Gräte rauszuprusten.

Dann kehrte Totenstille ein –

doch plötzlich, ein Geräusch wie Stein,

den jemand über Eisen zieht,

da wusste ich, was mir nun blüht.

Mir wurde mit Entsetzen klar,

dass es der alte Schnitter war,

der grinsend seine Sense wetzte.

War diese Mahlzeit meine letzte?

„Gevatter Tod," so fragte ich,

„bist du's, und warum holst du mich?"

„Nö, icke bin's, Kristin,

die Haushälterin,

ick schleif nur die Messer,

dann schneidense besser."

Erleichtert drehte ich mich um,

da wurde ich vor Schrecken stumm.

Natürlich war's Gevatter Tod,

er hatte mich in meiner Not

gefoppt, verscheißert und verschaukelt,

und zynisch mir was vorgegaukelt!

Doch über diesen Witz, den flachen,

konnte leider er nur lachen.

Ich dagegen wurde sauer

und schimpfte auf den Seelenklauer:

„Du Klapperkram im Modertuch,
wie ich deinen Besuch verfluch!
Du willst mich aus dem Leben reißen?"

Und ich begann, nach ihm zu schmeißen.
Ich schmiss mit Gabel und mit Fisch,
ich schmiss mit Messer und mit Tisch,
doch alles hat ihn glatt durchdrungen!
Fürchterlich hat es geklungen,
denn hinter seiner Ungestalt
ist alles an die Wand geknallt.
Entkräftet gab ich schließlich auf,
da setzte er noch einen drauf,
entrollte flugs ein Stück Papier,
sprach kühl: „Ist das dein Name hier?
Hier, auf meiner schwarzen Liste?"

„Tja, äh, wenn ich das jetzt wüsste,
ich glaube nicht, komm, lass mal sehen...
nö, mein' Namen seh ich nicht da stehen."

„Du bist wohl ein besonders Schlauer,
na, dann schau doch mal genauer!
Hier steht: Heut lösche ich die Lichter
bei Helge, dem Hinterhofdichter!"

Ich sagte: „Tod, nun hör mal auf,
es ist doch nicht der Welten Lauf,
dass junge Dichter sterben müssen,
ich will noch leben, lieben, küssen!
Ich verlang doch nicht zu viel,
komm, wir machen einen Deal:
Meine Seele sollst du schonen,
dann wird's sich reichlich für dich lohnen.
Ich sage dir: Ich werde blechen
und geb dir hiermit das Versprechen,
dass ich dir dreizehn Seelen gebe
für jedes Jahr, dass ich noch lebe."

Im Totenkopf begann's zu rattern:
„Bei Krebs, bei Aids und bei den Blattern,
bei Hungersnot und Hexenfeuer,
bei allem, was mir lieb und teuer,
beim Henkersbeil und Galgenstrick!
Los, verrate mir den Trick!
Und zwar noch heute, los, mach schnelle,
sonst kommst du sofort in die Hölle!"

„Tja, lieber Tod, dann pass gut auf:
Ich dachte mir im Lebenslauf
ein Positiönchen anzustreben,
das Macht gibt über Tod und Leben!"

„So willst du wohl zum Militär?
Das taugt doch überhaupt nichts mehr!
Das ist durchsetzt von Pazifisten
und ohne Leichen in den Kisten
machst du mit mir keine Geschäfte!"

„Nun hör doch zu, nein, meine Kräfte
will ich eher dazu verwenden,
dass ich an den obren Enden
der Gesellschaft stehen kann,
als erfolgsverwöhnter Mann!"

„Willst du für deutsche Menschenherden
vielleicht einmal Diktator werden?"

„Das haben andre schon gemacht,
ich hatte mir viel eher gedacht:
Ich geh mit meinem Hochgenie
in die deutsche Industrie,

wo ich mein Talent verwend

im deutschen Spitzenmanagement.

Als kaltes Kapitalistenschwein

will ich dein treuer Diener sein!"

„Mein Diener, hm, das klingt nicht schlecht,

denn seit dem letzten Kriegsgefecht

herrscht Flaute auf dem Seelenmarkt,

was mir natürlich nicht behagt.

Ja, mein Beruf ist schwer geworden,

zu wenig Menschen, die noch morden.

Selbst der Irak-Krieg, so ein Pfusch,

warum nur macht mein Freund, der Bush*

so langweilige halbe Sachen?

Ja, ich hab wirklich nichts zu lachen.

Auf Niedertracht und auch auf Hass

ist heutzutage kein Verlass.

Doch nicht zum Jammern kam ich her,

mich intressiert eigentlich mehr:

Was willst du tun, wie willst du's richten,

sollt ich als Diener dich verpflichten?"

*Diesen Vers muss ich aktualisieren. Das liegt daran, dass die
Amerikaner es immer nur schaffen, Kriege anzufangen. Wie man
sie beendet, wissen sie nicht. Also: Selbst der Irak-Krieg, so 'n
Geschlamp', warum nur macht mein Freund, der Trump...

„Nun ja, das liegt doch auf der Hand,

hab ich erst mal in diesem Land

eine gehobne Position,

kämpf ich für Globalisation!

Und dann wird es unausweichlich,

dass du Seelen erntest, reichlich.

Zum einen wird es Leben kosten

im gesamten fernen Osten,

wo Menschen sich zu Tode schuften.

Es wird auch nach Verwesung duften

in unsren schönen deutschen Landen,

wo glatzköpfige Mörderbanden

diejenigen Menschen jagen,

die nach Asyl und Arbeit fragen."

„Hochintressant, ich muss dich loben,

ich könnt dich auf dem Weg nach oben

ja auch begleiten

und beizeiten

dir Menschen aus dem Wege räumen,

die von Gerechtigkeit noch träumen!"

„Ja, auch die Träumer kannst du haben,

du kannst dich auch an jenen laben,

die sich als zu schwach erweisen
und schließlich in den untren Kreisen
der Gesellschaft ohne Klagen
an der Melancholie verzagen.
Ja, ich spreche wohl von jenen,
die sich förmlich nach dir sehnen!"

„Mein teurer Freund, so soll's geschehen,
die Flaute wird zu Ende gehen,
denn du wirst bei mir eingestellt,
damit du hier, auf dieser Welt
mit deiner ganzen Schaffenskraft
dafür sorgst, dass ein jeder rafft,
was er nur immer kriegen kann.
Helge, ja, du bist mein Mann!
Du sorgst als Globalisierungsbote
für eine bessre Sterbensquote!"

Dann gab er mir die Knochenhand,
es wurd auch das Papier verbrannt,
auf dem mein eigener Name stand.
So werd ich also lang noch leben
und zügig nun nach oben streben.
Und leb ich erst in Saus und Braus,
dann liefre ich die Seelen aus!

Annas Katz

(Ernst Jandl: ottos mops)

Annas Katz ratzt.

Anna:

„Schmatz, Katz, Schmatz!"

Batz!

Katzes* Tatz kratzt.

Anna:

„Platz, Katz, platz!"

Annas Katz platzt.

*Ja, ich gebe zu, das „e" gehört da nicht hin.

Aber ich habe es nicht besser hingekriegt...

Helges Depri-Ecke

(Sensible Seelen: Taschentücher
bereithalten oder dieses Kapitel
überspringen.)

Depression

Um Viertel vor acht
bin ich aufgewacht.
Ich wollte mich freun
um Viertel vor neun.

Ich hab es versucht
bis um Viertel vor zehn,
doch der Tag war verflucht
bis zum Schlafengehen.

Dann wachte ich auf
am nächsten Tag,
las dieses Gedicht,
dachte: „Was für ein Quark!"

Fahrstuhl

Das Leben ist ein Fahrstuhl,
es geht mal rauf, mal runter.
Wann's wieder rauf geht, weiß ich nicht,
sonst wäre ich wohl munter.

Der Fahrstuhl blieb heut stecken,
tief in dem dunklen Keller.
Da sitz ich nun und frage mich:
„Wann wird es endlich heller?"

Ich wandle

Ich wandle im Schatten
und andre im Licht,
ich gehör zu den Ratten,
warum weiß ich nicht.

Ich tret auf der Stelle
und seh aufgewühlt,
wie vor mir 'ne Welle
die andren hochspült.

Ich stehe daneben
und schaue mir an,
wie andre gut leben,
und komme nicht dran.

Immer

Immer wenn ich denke:
„Heut geht's mir aber gut!",
dann kommen diese Schränke
und falln mir auf den Hut.
Das stört mich dann schon sehr,
denn Schränke, die sind schwer.

Immer wenn ich meine,
„Jetzt geht's mir aber schlecht!",
kommt garantiert die eine
und sagt: „Geschieht dir recht!"
Wie ich es auch dreh und seh,
irgendwas tut immer weh.

Dunkler Geist

Monatsende, ach verflucht,
es wird wieder abgebucht:
Miete, Heizung, Telefon,
Wasser, Gas und auch der Strom.
Diese monetären Zwänge
treiben mich so in die Enge,
dass ich alles das verdränge,
wofür sich das Leben lohnt.
Ein dunkler Geist, der in mir wohnt,
macht sich plötzlich schrecklich breit
und frisst alles, was gedeiht:

Güte frisst er aus der Seele,
schiebt hinein in seine Kehle
aus dem Hirn die schönsten Reime,
sabbernd, schmatzend mit Geschleime
macht er sich ans Herz heran,
frisst so viel Liebe, wie er kann.
Rülpsend, furzend spricht er dann:

„Was soll denn das mit den Gedichten,
hör doch auf mit den Geschichten!

Such doch nicht den Sinn, den tiefen,
sondern mal den lukrativen!
Dann wär Schluss mit dem Gefluche
wegen Knete-Abgebuche!"

Säufer-Sonett 1

Heute möcht ich wieder saufen,
denn die Stille macht mich krank.
Warum nur muss es übel laufen,
warum krieg ich statt Liebe Zank?

Heute möcht ich wieder schlucken,
denn es geht mir echt beschissen.
Man will mir in die Suppe spucken
oder gar nichts von mir wissen.

Wie schön, dass es die Drogen gibt,
denn wenn die Welt mich nicht mehr liebt,
vertreiben sie mir meine Qual.

Vielleicht ist es ein schlechter Tausch,
Erfolg und Liebe gegen Rausch,
doch heute ist mir das egal.

Säufer-Sonett 2

Nach des Tages Müh und Plage
kipp ich ein paar Biere rin
und dann stell ich mir die Frage,
ob ich vielleicht süchtig bin.

Beim ersten Bier denk ich: „Na ja",
beim Zweiten denke ich: „Egal",
beim Dritten wird mir endlich klar:
Ich brauch das Zeug auf jeden Fall!

Ich trink aus Freude oder Kummer,
das ist bei mir dieselbe Nummer,
doch ist das wirklich ein Problem?

Man versucht mir einzureden,
dass zu viel Biere mich verblöden,
worauf ich noch ein Viertes nehm.

Säufer-Sonett 3

Ich habe mich schon wieder betrunken.
Ich hatte dazu einfach Lust,
so aus Kummer und Frust.
Mir hatte mal wieder alles gestunken.

Es war mal wieder so weit.
Ich hatte wieder mein Scheitern betrachtet,
mein Dasein als sinnlos und einsam erachtet,
so wollte ich eins nur sein: breit.

Da sitze ich nun mit schlechtem Gewissen
und denk: „Wenn ich sterbe, wer wird mich vermissen,
vielleicht ja der Chef von der Brauerei?"

Ja, der wird sich vor Kummer verzehren,
sich fragen: „Wie soll ich die Kinder ernähren,
ohne ihn?" Na, das wird 'ne Trauerei.

Im Wald

Sind die Weiber dir zu spröde,
ist der Alltag dir zu öde,
verzweifelst du am Leben bald?
Dann geh doch in 'n Wald!

Hast du finanzielle Sorgen,
musst fürs Fressen Geld dir borgen,
ist einfach alles Kacke halt?
Dann geh doch in 'n Wald!

Sagt der Arzt zu dir: „Du Wrack!
Du hast Krebs in deinem Sack!
Bald schon wird dein Körper kalt!"
Dann geh doch in 'n Wald!

Moment mal, jetzt aber halt!
Was willst du im Wald?
Im Wald ist es auch nicht besser.
Im Wald wohnen Seelenfresser.

Nimm doch das Leben so, wie es ist,
bevor du dich in den Wald verpisst.

Zu weit

Ich bin zu weit gegangen,
ich will jetzt nicht mehr gehen,
ich bleib hier einfach stehen.

Ich habe kein Verlangen
mich einmal umzudrehen,
will nicht nach vorne sehen.

Die Zukunftstöne klangen
doch früher mal so schön.
Wie konnte das vergehen?

Ich will nicht neu anfangen,
will meinen Mann nicht stehen.
Welt, hör auf, dich zu drehen.

Du weißt doch

Du weißt doch, wie sich das anfühlt,
wenn jemand in deinem Haar wühlt
und dich dabei küsst.

Du weißt doch, wie das ist.
Ich weiß das nicht mehr.
Ist zu lange her.

Also mach dich nicht lustig,
nur weil ich hier frustig
sitze und zech.

Ich hatte halt Pech.
Und nicht wie du so 'n Schwein.
Und jetzt lass mich allein.

Manchmal

Manchmal schlaf ich abends ein
und fühl mich dumm und fühl mich klein.
Manchmal werd ich morgens wach
und fühl mich alt und fühl mich schwach.

Und wenn das wochenlang so geht,
dann denk ich: „Ach, es ist zu spät."
Doch dann erscheint ein kleiner Geist
und dieser lächelt und sagt meist:

„Helge schau, dort die Frau, sie ist schön!
Helge sieh doch mal wie Blumen blühn!
Helge, willst du denn nicht hör'n,
manche Menschen haben dich gern!

Du bist nicht dumm und nicht zu klein,
bist nicht zu alt und schwach, oh nein!
Helge kauf Kaffee und Torte,
lies ein paar gereimte Worte!"

Und so labert dieser Troll
mich 'ne halbe Stunde voll.
Und dann geht's mir wieder gut.
Und dann fass ich neuen Mut.

Lieber Troll, verlass mich nicht,
ich richte dir ein Zimmer ein.
Guter Geist, bring mir ein Licht,
fühl ich mich alt, schwach, dumm und klein.

Für meine Badewanne

Dass der Mensch sich mal entspanne,
dazu dient die Badewanne,
angefüllt mit warmem Wasser,
steigt man rein, dann wird man nasser.

Hat man sich darin entdreckt
und behaglich ausgestreckt,
füllet man, oh schöner Klang,
das Badezimmer mit Gesang.

Wenn alsbald die Nachbarn klopfen,
wird es Zeit, mal abzutropfen.
Muss man sich vom Wasser trennen,

dann ist deutlich zu erkennen:
Es nimmt mit sich in den Abfluss
Schwermut, Angst und Überdruss.

Bilden Sie mal
einen Satz mit ...

Meerrettich

Es sprach der Rettungssanitäter:
„Die Leute kommen immer später!
Doch um 17.00 Uhr ist Schicht.
Da geh ich heim, Meerrettich nicht!"

Display

Ich esse keine Zwiebeln mehr.
Displayd mir zu sehr!

Bagdad, Rebekka

„Ich backe dies und ich Bagdad",
so singt der heit'Rebekka,
„ich mache gerne Leute satt,
mich nervt halt nur der Wecker!"

Schamane

Du gibst mir was ab von deinem Bier?
Na das Schamanett von dir!

Majoran

Damit die Pommes schmecken, Mann,
mach ich mir immer Majoran.

Gillette

Heute muss mein Glückstag sein –
Gillette mich zum Essen ein!

Sardellen

Makellos sei ihr Arsch, sagte Ellen.
Ich kann mich ja täuschen. Doch ich Sardellen.

Martini

Schau, Sohn, das Foto aus Rimini.
Achtziger Jahre, ich im Bikini.
Siehst du, ich war auch Martini.

Hyderabad

Nur weil sie so schöne Augen hat,
kriegt Hyderabad!

Aloe Vera, Jeanette, gratis

Aloe Vera, das Jeanette,
gratis noch 'n Plätzchen frei im Bett!

Dallas, homogen

Du hattest lange keinen mehr stehen?
Dallas uns mal zum homogen!

Spinne, phallisch

„Fass mich nicht an, du Sau!
Spinne anständige Frau!"
„Ich habe diese Triebe
doch nur, phallisch dich liebe!"

analog

Ich ahnte doch nicht, dass sie mich betrog!
Da sieht man mal wieder, wie gut analog.

Zemenf

„Was schreit die mich an,
was soll das Getöse?"
Entspanne dich, Mann,
Zement das nicht böse!"

Onanie

Entschlossen sprach er Sätze wie:
„Wir greifen an! Jetzt Onanie!"

Taliban

„Hinab ins Tal würd ich gern fahrn."
„Dann nehmen sie die Taliban!"

Erwin, Vatikan

Kind, so malt man kein Bauernhaus.
Das sieht ja Erwin Vogel aus!
Ich male das jetzt, lass mich mal ran!
Ich zeige dir, wie das Vatikan.

Toscana

Mich einfach so auszulachen –
Toscana mit mir doch nicht machen!

finnisch

Ein Winter ohne Sonnenschein –
das finnisch aber sehr gemein.

Tennessee

Das war aber jetzt eine schwache Partie.
Ich find, sie spielen nicht so gut Tennessee.

Addis Abeba

Dich mal wieder zu sehen –
Addis Abeba schön!

Turin, Madrid

Abwechslungsreich ist das Fußballerleben –
mal trifft man ins Turin, Madrid man daneben.

imposant

Ich geh nie wieder an den Strand.
Ich habe sogar imposant!

Monitor

Wenn ich mit Moni Fußball schau,
Moni, das ist meine Frau,
dann sagt sie: „Schrei mir nicht ins Ohr!"
Doch ich schrei trotzdem: „Monitor!

Weleda

Die Creme ist gut, die hat nicht jeder!
Sie macht deine Haut so zäh Weleda.

Würmer, Rheuma

Das Chaos bringt mich ganz schlecht drauf,
ich Würmer sagen: „Rheuma auf!"

Ikea

Wie? Meine Wohnung – ein Trümmerhaufen?
Na gut, Ikea ja schon Möbel kaufen.

Nikotin

„Herr Doktor, ach mein Kindel
hat Nikotin der Windel."

Maximal

So geht es mir mit der Vaterpflicht:
Ich maximal, mal mag ich sie nicht.

Fagott

„Schlecht sind die Menschen! Schäbiger Schrott!
Wer hat sie gemacht?" „Ich glaub, das Fagott."

Schablone

Der Klee ist seltsam irgendwie.
Ach so! Das Schablone Kopie!

Helges Resterampe

Ohropax

(Ein Friedensgedicht)

Ohropax, was für ein Wort,

wer hat es ausgegoren?

Ohropax, frei übersetzt,

heißt Frieden für die Ohren.

Ach hätte ich auch Nasopax,

das hält die Nase zu,

und eine Packung Mundopax,

dann wäre endlich Ruh'.

Ruh' wäre auch mit Arschopax,

das käm gerade recht,

allein und einzig Penipax

bringt Frieden fürs Gemächt.

Materie

Materie, Materie, woher bist du gekommen?
Warst du einst ein schwarzes Loch
oder gar ein Sternmoloch?
Ich seh es arg verschwommen.

Materie, Materie, ich wäre gerne schlauer!
Der Urknall schickte dich ins All,
da schwebst du nun, ganz ohne Schall,
ich werde langsam sauer!

Materie, Materie, ich wüsste gerne mehr,
du bist mal tot und mal lebendig,
bist immer da, doch nie beständig.
Wo kommst du denn nun her?

Materie, Materie, ich bin ein Teil von dir.
Doch wovon warst du einst ein Teil,
von eines Jägers, Sammlers Pfeil?
Materie meines Körpers, du warst schon vor mir hier.

Materie, Materie, die Antwort gibst du nicht.
So muss man grübeln, sich versenken,
in die Fragen, in das Denken
auf der Suche nach dem Licht.

Und aus dem Denken kommt der Geist,
Materie nur, im Hirn verstrickt?
Oder doch von Gott geschickt?
Sag mir Bescheid, wenn du es weißt.

Wein, Bier und Rum

An einem schönen Sommerabend
saß ich, an Wein und Bier mich labend,
rum.

Wenn einer

Wenn einer zu viel isst,
wird er ein Pfundamentalist.

Zahlen, bitte!

Als ich zum Kellner sagte:
„Zahlen, bitte!" brachte er mir
eine Zwölf und 'ne Vier,
stellte sie vor mich hin und fragte:
„Wollen sie dazu noch ein Bier?"

Opa

Als Opa sprach: „Ich sterbe!"
machte ich 'ne Kerbe
und dachte still: „Ich erbe!",
doch tat als würd ich's sehr be-
dauern und um den Opi trauern.

Bei unbequemen Fragen
pflegte ich zu sagen:
„Die Bierchen und das Opium,
die brachten unsern Opi um."

Weihnachtsgedicht

(für Kinder, die ohne ihren Papa feiern)

Wir nagen an dem Gänsebein
und an der Trockenpflaume.
Es glänzt ein goldnes Sternelein
hoch auf dem Tannenbaume.

Und durch den Wald, der tief verschneit,
Knecht Ruprecht seinen Wagen lenkt.
Wir wissen, dass zu dieser Zeit
in Liebe Papa an uns denkt.

Nachwort

Interview mit einem Dichter

Herr Helge, ihnen wurde der Literaturnobelpreis verliehen, wie haben sie das geschafft?

Ja, das war schwierig.

So eine hochkarätige Jury, wie wurden die überhaupt auf sie aufmerksam?

Nun ja, die sind gierig.

Wollen sie damit etwa andeuten, dass...

Ja, die schmier ich.

Und dann diese Bühne, überall Hochglanzparkett...

Mann, das war schmierig.

Man sah sie danach mit einer Frau in Richtung Hotel...

Ach, die war zierlich.

Das ist ja kein Wunder, schließlich war sie noch minderjährig...

Haut wie ein Pfirsich.

Ähem. Vergessen sie mal nicht, dass ihnen das ein Gerichtsverfahren...

Ja, das verlier ich.

Sieht man sie deswegen in letzter Zeit ein wenig zu häufig am Tresen?

Trink zu viel Bier ich?

Könnte sein. Das hat ja auch zur Folge...

Dass ich wie Vieh riech?

Nun ja. Dennoch wird man bald eine Statue von ihnen auf dem Gendarmenmarkt...

Ja, den zier ich.

Vielen Dank für das Interview.

Das schenke dir ich!

Freunde der Dichtkunst!

Haltet auch Ausschau nach Helges Büchern:

Gier und Habsucht (tredition)

Knochen-Jochen (Gringo-Comics)

Zeitfracht Medien GmbH
Ferdinand-Jühlke-Straße 7
99095 Erfurt, Deutschland
produktsicherheit@kolibri360.de